AF372662

REGRETS

ET

SOUVENIRS.

PAR

Charles-Chabot.

Paris.

IMPRIMERIE DE PIHAN DELAFOREST (MORINVAL),

RUE DES BONS-ENFANS, N°. 34.

1834.

UNE MÈRE.

Enfant,
A ta naissance
Qui tant
A de souffrance,
Qui sur son sein
Te presse
En son ivresse
Soir et matin?

Enfant,
C'est une mère;
Grand,
Qu'elle te soit chère.

4

Enfant,
Qui te caresse
Et, quand
Douleur t'oppresse,
Sur ses genoux
Te berce,
Et sur toi verse
Des pleurs si doux?

Enfant,
C'est une mère;
Grand,
Qu'elle te soit chère.

Enfant,
Avec sagesse,
Qui, pendant
Ta jeunesse,
Sait t'élever;
Et puis une
Fortune,
Pour toi, rêver?

Enfant,
C'est une mère;
Grand,
Qu'elle te soit chère.

Enfant,
Du mariage,
Quand
Pour toi survient l'âge,
Dis qui bientôt

T'obtient fille
Gentille
Et riche dot?

Enfant,
C'est une mère;
Grand,
Qu'elle te soit chère.

Enfant,
Dans ta jeunesse,
Quand
Froide mort t'oppresse,
Qui, clot tes yeux...
En sa prière,
Espère
Pour toi les cieux?

Enfant,
C'est une mère;
Enfant,,
On la révère.

A LA MÉMOIRE

DE

JEAN-PIERRE BACHASSON,

COMTE DE MONTALIVET.

.... Un vertueux père est un bien précieux
Qu'on n'obtient qu'une fois de la bonté des dieux.

JEAN-PIERRE BACHASSON, comte DE MONTALIVET, successivement conseiller-d'État, préfet, directeur-général des ponts-et-chaussées, ministre de l'intérieur, et pair de France, naquit à Sarreguemines, le 5 juillet 1766. Son père, d'une famille noble du Dauphiné, avait embrassé la profession militaire et commandait en cette ville avec le grade de maréchal-de-camp. Il destina d'abord son fils à la même carrière, et lui fit prendre le parti des armes, mais cette première résolution dut céder aux sollicitations de sa famille qui désirait voir entrer le jeune officier dans la magistrature, et qui lui fit obtenir, à cet effet, à l'âge de 19 ans, par dispense d'âge, une charge de conseiller au parlement de Grenoble. A peine revêtu de la toge, le cadet gentilhomme se pénétra de l'importance et de la dignité de ses fonctions, et partagea les principes, le courage et la disgrâce de sa compagnie; il suivit, en 1788, l'honorable

exil dont le cardinal de Brienne frappa la magistrature dau-
phinoise. Rentré au palais dauphinal après la chute du ministre, il continua de défendre la cause parlementaire, et montra
dans tous les mouvemens qui préparèrent la révolution fran-
çaise dans cette province, les sentimens d'un partisan zélé de
la réformation politique. Il connut Napoléon à Valence, en
1789, et eut avec lui de longues et vives discussions sur les
affaires publiques. La réorganisation de l'ordre judiciaire, par
l'assemblée constituante, l'ayant rendu à la vie privée en
1791, il vint à Paris en 1792; reçut avis de le quitter pour
échapper au glaive de la terreur, demanda un passeport
qu'on lui refusa, et l'obtint ensuite après avoir dénoncé cou-
rageusement la municipalité parisienne à la tribune même des
Jacobins. En 1794, il chercha dans les rangs des braves un asile
contre la persécution; après avoir servi pendant quelque temps,
la dissolution du bataillon de volontaires de la Drôme, dont il
faisait partie, le ramena à Valence avec le grade de caporal. On
assure que, dans sa vieillesse, M. de Montalivet montrait souvent, avec un noble orgueil, à ses enfans ses gallons de laine
à côté de sa ceinture de ministre. En 1795, il fut envoyé à
Paris pour demander au gouvernement de faciliter l'arrivée
des grains dans le département de la Drôme. Tandis qu'il
remplissait cette importante mission, Jean Debry, commis-
saire extraordinaire dans le Midi, le nomma maire de Valence, par arrêté du 12 nivôse an III; les circonstances
étaient difficiles : la famine aggravait alors les calamités in-
séparables des discordes civiles, M. de Montalivet accepta
néanmoins les fonctions périlleuses auxquelles il était appelé, et se fit bientôt estimer et chérir universellement de ses
concitoyens; non content de travailler du matin au soir dans
les conseils de subsistances, il mit tout son grain à la dispo-
sition de la municipalité, et contribua ainsi par ses soins et
ses exemples à atténuer les horreurs de la disette. Sur ces
entrefaites, Jean Debry arrive à Valence, et ordonne le dé-
sarmement de la garde nationale comme trop dévouée aux

Jacobins. M. de Montalivet la réunit aussitôt au Champ-de-Mars et lui annonce son licenciement. Cette mesure exaspère les nombreux citoyens qu'elle frappe et leur arrache des cris menaçans contre les instigateurs présumés de l'arrêté des représentans. Parmi les personnes signalées aux vengeances populaires M. de Labarrère est spécialement désigné; son nom vole de bouche en bouche, et sa vie est bientôt attaquée : les plus furieux des gardes nationaux sont tombés sur lui; mais M. de Montalivet s'est aperçu de son danger, il se précipite du haut de l'estrade qui lui sert de tribune, ouvre sa poitrine, et se jette au milieu des assaillans en s'écriant : « C'est votre maire qu'il faut frapper! » C'est acte de courage arrête un instant les mutins, et donne à M. de Labarrère le temps de prendre la fuite; mais une poignée de forcenés s'indignent d'avoir laissé échapper leur proie et se mettent à sa poursuite; M. de Montalivet s'attache à leurs pas, rentre dans la ville, et parvient à s'assurer de leurs personnes à l'aide de citoyens paisibles. De retour au Champ-de-Mars il trouve les esprits mieux disposés et fait exécuter le licenciement de la garde nationale sans nouvelle opposition. Deux mois après la promulgation de la constitution de l'an III, M. de Montalivet chercha le repos au sein de la vie privée et se démit de ses fonctions municipales. Il était bien résolu à passer ses jours dans la retraite , lorsqu'en 1801, une lettre de Maret vint lui annoncer que le premier Consul parlait souvent de lui, et manifestait l'intention de lui confier l'administration d'un département; le Secrétaire-d'état lui demandait s'il voulait accepter une préfecture. Cette offre séduisante, que l'ambition aurait accueillie avec transport, laissa pourtant M. de Montalivet dans l'incertitude, il hésitait encore quand les journaux lui apprirent sa nomination à la préfecture de la Manche. Ce département avait été déchiré par la guerre civile , le nouveau préfet en effaça les traces; il apaisa aussi les querelles religieuses, et n'eut pas besoin de recourir aux décrets contre les prêtres réfractaires. Fouché, dont il refusa de suivre les intentions à cet égard, en témoigna du mécontentement, mais Napoléon, à qui M. de Montalivet exposa lui-même sa conduite, l'approuva formellement. Ce fonctionnaire, pendant son séjour dans la Manche, eut, au reste, l'occasion de montrer plusieurs fois la noblesse de son caractère et la générosité de son âme : en 1803, il reçoit l'ordre de faire arrêter le chevalier de Brulard qui venait de paraître dans ce département pour y rallumer l'insurrection royaliste ; M. de Montalivet avait été le camarade de collége du chevalier, il prit sur lui de lui donner vingt-quatre heures pour se rembarquer, et le préserva ainsi d'une mort certaine. Une fois le salut de son vieil ami assuré, il partit pour Paris et vint raconter au premier Consul ce qu'il avait fait. « Une telle conduite ne m'étonne pas de votre part, lui dit Napoléon, vous êtes homme d'honneur : au reste Brulard est un fou, mais un fou à sentimens ; il a refusé d'être mon assassin, et demandait des hommes pour m'attaquer à force ouverte avec mon escorte, sur la route de St.-Cloud. » En 1804, M. de Montalivet fut appelé à la préfecture de Seine-et-Oise, et son administration fut signalée par le refus d'autoriser l'ouverture d'une maison de jeu à Versailles. Il apprit cependant un jour que, malgré son honorable opposition, un de ces infâmes tripôts venait de s'établir sous les auspices et par le soin de la police, il ordonna aussitôt qu'en dépit des ordres de Fouché, la maison fût évacuée, et courut ensuite à Saint-Cloud en instruire l'empereur : pour toute réponse, Napoléon lui serra affectueusement la main. Conseiller-d'état en 1805, M. de Montalivet fut nommé, en 1806, directeur-général des ponts-et-chaussées : on peut attribuer à M. de Montalivet une part personnelle dans les travaux immenses exécutés sous son administration, car il poussait si loin le désir de voir par lui-même, que plusieurs fois il l'a satisfait au péril de sa vie. En 1808, il eut le courage de s'intéresser ouvertement en faveur de M. Marescot, n'ayant pu le préserver d'une condamnation, il le visita souvent dans sa prison de Montaigu; et Napoléon n'en conçut que plus d'estime pour lui. En 1809, il l'appela au ministère de l'intérieur en remplacement de Cretet; M. de Montalivet embrassa bientôt d'un immense coup-d'œil les différentes parties de son administration, leur donna l'activité que réclamait alors l'état brillant et prospère de la France, et fit avec un zèle infatigable tout ce qui pouvait concourir à l'utilité publique: les sciences, les arts et les lettres se rappellent encore ses rapports à la tribune du corps-législatif. Des désastres ayant amené les armées de la coalition en France, et la déloyauté de quelques hommes leur ayant facilité l'occupation de la capitale, M. de Montalivet crut devoir se retirer à leur approche, et suivit l'impératrice Marie-Louise à Blois. La restauration le laissa sans emploi; mais Napoléon, à son retour de l'île d'Elbe, s'empressa de le rappeler et le nomma intendant-général de la couronne. Il fit aussi partie de la chambre des pairs, et retourna ensuite à la vie privée après la rentrée de Louis XVIII. En 1819, il fut compté par M. Decaze sur la liste des nouveaux pairs. M. de Montalivet, dans cette nouvelle carrière, resta fidèle au parti constitutionnel; accablé de douleurs physiques par suite de ses longs travaux, on le vit plus d'une fois arriver jusqu'à l'urne législative, dans les bras de deux domestiques, pour y déposer son vote contre les ennemis des libertés publiques. Parmi les discours que le comte de Montalivet a prononcés à la chambre des pairs, deux méritent d'être rappelés; l'un en faveur de la loi électorale du 5 février 1817, l'autre sur l'esclavage de la presse. En 1822, dans la discussion sur les canaux il annonça un déficit de 40 millions, et adressa, à ce sujet, une brochure à M. Becquey. Il mourut en 1825, dans sa terre de Lagrange, près Pouilly, département de la Nièvre. Le comte Daru a prononcé son éloge funèbre à la chambre des pairs. Napoléon savait aussi apprécier le dévouement de son ancien ministre; à Sainte-Hélène il s'est plu à lui rendre témoignage : « C'est un honnête homme qui m'est demeuré toujours tendrement attaché. » A une grande étendue d'esprit, M. de Montalivet joignait les mœurs les plus simples et toutes les vertus domestiques. Telle était l'estime de l'empereur pour lui, qu'à la suite d'une discussion fort vive et de paroles qui avaient engagé le ministre à donner sa démission, le superbe monarque ne craignit pas de l'envoyer chercher, et de lui avouer ses torts. M. de Montalivet fut successivement créé comte, chevalier des ordres de Dane-marck et grand-officier de la Légion-d'Honneur.

A LA MÉMOIRE

DES VERTUS

DE M. CHARLES, VICOMTE DE MONTALIVET.

> O ma mère ! ma seule amie,
> Digne objet d'un constant amour,
> Je t'avais consacré ma vie,
> Hélas ! et je ne vis qu'un jour.
> Plaignez-la, gens de la chaumière,
> Lorsqu'à l'heure de la prière
> Elle viendra sous le beffroi,
> Vous dire aussi : priez pour moi !

En quelques années la mort a enlevé trois fils à la meilleure des mères ; le 29 novembre 1832, M. le vicomte Charles de Montalivet est mort à Naples à la suite d'une fièvre cérébrale.

L'état-major de la garde nationale a perdu en lui un de ses officiers les plus zélés et les plus courageux ; la société, l'un des hommes destinés à en faire l'ornement, et le pays un citoyen utile.

Le 28 décembre 1833, toute la population de Saint-Bouise s'était réunie dans la modeste église du village. Un grand nombre d'habitans de Sancerre et des lieux environnans s'y trouvaient aussi ; les derniers devoirs à rendre aux restes de M. Charles de Montalivet, transportés de Naples au château de Lagrange, étaient l'objet de cette réunion.

Jamais concours plus nombreux ne vint rendre plus touchant hommage à tant d'espérances déjà en partie réalisées, et sitôt détruites ; amenés si souvent dans la même église, par la douleur d'une famille cruellement décimée, les habitans de ce canton venaient lui donner un nouveau témoignage de leurs respects et de leur estime.

M. le comte de Montalivet, M. le baron Tascher, son beau-frère, MM. Bachasson et Lacroix, ses parens, présidaient à cette douloureuse cérémonie. La garde nationale de Saint-Bouise était venue rendre hommage à la mémoire de l'ancien capitaine de la garde nationale de Paris.

Le vénérable curé de Sancerre, oubliant ses infirmités et son âge priait, près de la dépouille du jeune homme, dont la bienfaisance modeste était déjà si populaire.

Après la cérémonie, qui fut entendue dans le plus grand recueillement, le cercueil fut transporté dans la partie du cimetière consacrée à la famille Montalivet.

Après les dernières prières, coulaient de tous les yeux des larmes qui étaient un hommage à la mémoire de M. Charles de Montalivet et à la douleur d'une tendre mère dont l'âme devait être tant de fois déchirée.

Arbuste aux jeunes ans
Que l'aquilon moissonne,
Vers la tombe à pas lents
Quand te pousse l'automne,
Alors que le prestige
De ton parfum détruit
Fait dédaigner la tige
Qui long-tems a séduit ;
Tu meurs... et l'on te fuit.
Tel n'est pas l'avenir
D'un beau nom qui succombe,
Il vit et sait grandir
Enfermé dans la tombe.

Car Dieu, dans sa bonté, vers lui quand il rappelle
De toutes les vertus l'exemple et le modèle,
Dans ton cœur veut, Chrétien, que tu puisses nourrir
De l'image du Juste un touchant souvenir.
Mères, redites donc à l'âme d'une mère,
Qui de vous pour son fils attend une prière :
« Pour nous CHARLES vivra, dans l'enfant vertueux
» Que du ciel bienfaisant ont imploré nos vœux,

» Et lorsque ses vertus et ses jeunes années
» Seront malgré nos pleurs par le temps moissonnées,
» L'œil fixé sur la terre où le triste cyprès
» Témoin de notre amour, apprendra nos regrets,
» Jugeant de vos douleurs, en mères, par les nôtres,
» En priant pour nos fils, nous prîrons pour les vôtres.

A MONSIEUR

LE COMTE DE MONTALIVET,

PAIR DE FRANCE,

INTENDANT-GÉNÉRAL DE LA LISTE CIVILE.

Seul aujourd'hui du nom que la France révère,
Héritier des vertus du plus vertueux père,
Protecteur, comme lui, de tous les gens de bien,
Des lettres et des arts l'espoir et le soutien ;
Pouvais-je vous blesser d'un encens éphémère
Lorsque l'on voit en vous revivre votre père.
Aussi quand à longs traits mon modeste pinceau,
Esquissant de sa gloire un imparfait tableau,
Dépeignait ses vertus, ses talens, son génie,
De vous, en même temps, il retraçait la vie.

www.ingramcontent.com/pod-product-compliance
Lightning Source LLC
Chambersburg PA
CBHW071307130726
47998CB00003B/1365